北京市
高速公路养护维修工程预算编制办法

Beijing Shi Gaosu Gonglu

Yanghu Weixiu Gongcheng Yusuan Bianzhi Banfa

主编单位： 北京市首都公路发展集团有限公司

实施日期： 2013 年 01 月 01 日

人民交通出版社

北京 · 2013

图书在版编目(CIP)数据

北京市高速公路养护维修工程预算编制办法/北京市首都公路发展集团有限公司编. --北京:人民交通出版社,2013.7

ISBN 978-7-114-10490-9

Ⅰ.①北… Ⅱ.①北… Ⅲ.①高速公路—公路养护—预算编制—北京市 Ⅳ.①U418.2

中国版本图书馆 CIP 数据核字(2013)第 058108 号

书　　名: 北京市高速公路养护维修工程预算编制办法
著 作 者: 北京市首都公路发展集团有限公司
责任编辑: 卢仲贤
出版发行: 人民交通出版社
地　　址: (100011)北京市朝阳区安定门外外馆斜街 3 号
网　　址: http://www.ccpress.com.cn
销售电话: (010)59757973
总 经 销: 人民交通出版社发行部
经　　销: 各地新华书店
印　　刷: 北京市密东印刷有限公司
开　　本: 880×1230　1/32
印　　张: 1.875
版　　次: 2013 年 7 月　第 1 版
印　　次: 2013 年 7 月　第 1 次印刷
书　　号: ISBN 978-7-114-10490-9
定　　价: 48.00 元

《北京市高速公路养护维修工程预算编制办法》
《北京市高速公路养护维修工程预算定额》编审委员会

审 查 人 员

主　　任：郭普金　张　闽
副 主 任：张恒利　刘绍民
编　　委：孔祥杰　尹　泉　李义强　李士友
李　剑　胡兴安　蒋　彬　许国华
屠殿松　闫立勋

编 写 人 员

主　　编：张恒利　孔祥杰
副 主 编：胡兴安　蒋　彬　崔来军　张东旭
张　宾
编写人员：于保华　吴　斌　张春青　李长海
关　超　张　军　张云涛　刘阳杰
朱立娟　刁　岩　王　峰　张庆兴
吴庆军　潘玉红　贺玉龙　周顺新
张利军　张家骥　王晓民

关于印发《北京市高速公路养护维修工程预算定额》和《高速公路联网机电系统设备维护维修预算定额》的通知

京首公管字〔2013〕1号

各相关单位:

为提高运营管理水平,加强内业规范化管理,为养护费用结算提供依据,北京市首都公路发展集团有限公司运营管理部组织修订完成了《北京市高速公路养护维修工程预算定额》和《高速公路联网机电系统设备维护维修预算定额》,于2013年1月1日起试执行。望各单位认真做好以上两个定额的推行与培训工作。

特此通知。

北京市首都公路发展集团有限公司

2013年1月7日

前　言

截止到2012年底，北京市首都公路发展集团有限公司（以下简称：首发集团公司）管理养护高速公路里程到达770km，包括：京哈高速公路（北京段）、通燕高速公路、京开高速公路（北京段）、京港澳高速公路（北京段）、大广高速公路、六环路、京藏高速公路（北京段）、京新高速公路（五环—德胜口）、京承高速公路（一、三期）、京津高速公路（北京段）、机场北线、京平高速公路、京密高速公路、五环路、机场第二高速、G6辅线。

高速公路养护管理是高速公路运营管理的重要组成部分，是保证高速公路服务水平的主要手段之一。随着运营时间的延长、交通量的增长，高速公路及其配套设施会出现不同程度的损坏，及时发现并有效修复这些损坏是高速公路养护管理单位的职责。

目前全国还没有制订出相应的高速公路养护定额的部颁行业标准，北京市地方性公路养护定额标准尚在制订过程中。在当今市场经济体制下，由高速公路养护企业率先制订企业养护定额，无疑是十分迫切的，也是很有必要的。高速公路养护企业小修保养定额的制定也为将来编制行业标准提供了丰富的、真实的资料。养护生产单位以企业定额所规定的工、料、机消耗量为标准，衡量养护保养总体实际消耗水平，就可以明确自身的优势和劣势，强化内部管理，努力提高生产效率，更进一步取得较高的经济效益。

2001年，首发集团公司和北京工业大学交通研究中心共同编制完成《北京市高速公路小修保养定额》（内部使用），2007年进行了第一次修订，更名为《北京市首都公路发展集团有限公司高速公路小修保养定额》（试行）。

随着社会经济的发展，高速公路养护手段的丰富、劳动者业务水平的提高以及施工机械性能的改善，2007版小修保养定额已经不适应目前北京地区高速公路的养护管理，不能满足现有的养护实际需求，特别是高速公路养护信息化建设与管理及“四新”技术应用。鉴于此，首发集团公司决定对原《北京市首都公路发展集团有限公司高速公路小修保养定额》（试行）进行修编，并交由人民交通出版社正式出版发行。

首发集团公司领导非常关注本次定额修订工作，集团公司相关单位给予了大力的支持与帮助，在此表示衷心感谢。本书由张恒利、孔祥杰任主编，胡兴安、蒋彬、崔来军、张东旭、张宾任副主编；第一、二章由胡兴安、于保华、张军、王峰、周顺新编写；第三、四章由蒋彬、张云涛、张庆兴、张利军编写；第五、六、七章由崔来军、张东旭、张宾、张春青、李长海、关超、刘阳杰、朱丽娟、刁岩、吴庆军、潘玉红、吴斌、贺玉龙、张家骥、王晓民编写。

由于修订时间仓促，经验有限，书中不足之处欢迎读者批评指正。

目　　录

第一章　总　　则

一、为统一北京市高速公路养护维修预算的编制方法及取费标准,加强高速公路养护维修费用的计划管理和生产管理,合理确定高速公路养护维修投资,根据《公路养护工程预算编制导则》(JTG H—2002)、《公路工程基本建设项目概算预算编制办法》(JTG B06—2007)、《公路工程预算定额》(JTG/T B06-02—2007)、《公路工程机械台班费用定额》(JTG/T B06-03—2007)、《公路养护技术规范》(JTG H10—2009)、《公路技术状况评定标准》(JTG H20—2007)、《公路交通安全设施设计规范》(JTG D81—2006)和《公路交通安全设施施工技术规范》(JTG F71—2006)等的有关规定,结合高速公路养护维修工程的特点,制定本编制方法。

二、本办法适用于北京市高速公路的日常养护、中小修工程。根据高速公路养护维修工程特点,编制高速公路养护维修预算编制办法。

三、本办法中规定的各项费用标准适用于编制高速公路日常保养与维护、中小修工程预算,编制年度预算、招标标底或投标报价时,可根据具体情况进行适当的调整。

四、本办法中未包括由于不可抗拒的自然灾害(如风、沙、雨、雪、洪水、地震等)造成的高速公路设施的破坏,产生的抗灾抢险工程费用,以及其他突发性事件增加的工程养护费用,在向财政部门编报高速公路养护、中小修工程养护资金年度预算时,应结合以前年度发生此类费用的情况,单独预留并在年末根据灾害等发生的实际情况核销。

五、本办法中的费用项目划分和预算项目划分均系根据目前北京市高速公路养护工程中的常规情况制定的。

六、高速公路养护维修预算定额是合理确定高速公路养护维修工程资金需求量、编制高速公路养护维修工程年度计划的依据，经批准的高速公路养护维修工程预算是向财政部门编报高速公路养护维修资金年度预算的依据。经审定后的预算，是确定高速公路养护维修工程造价，签订高速公路养护维修承包合同，实行经济核算和考核高速公路养护维修工程成本的依据。按预算承发包的工程，作为办理工程结算的依据。

在编制预算时，应全面了解工程所在地的各项条件，掌握各项基础资料，根据特定的工程量和施工方法，正确引用规定的定额、取费标准、工资单价和材料设备预算价格，依本办法编制并报请批准。

七、高速公路养护维修工程预算编制必须严格执行国家的方针、政策和有关制度，符合高速公路养护维修、施工技术规范。文件应达到的质量要求是：符合规定、结合实际、经济合理、提交及时、不重不漏、计算正确、字迹打印清晰、装订整齐完善。

八、预算编制、审核人员必须持有公路工程造价人员执业资格证书，并对工程造价文件的编制质量负责。

九、各级养护生产和管理单位应加强养护工程经济管理工作，配备和充实养护工程造价人员，切实做好预算的编制工作。养护工程造价人员应不断提高专业素质，掌握设计、施工情况，做好设计方案的经济比较，使技术工作和经济工作结合起来，全面、有效地提高设计质量，合理确定养护工程造价。

第二章　预算编制方法

北京市高速公路养护维修工程包括路基养护、路面养护、桥涵隧养护、沿线设施养护、绿化养护、泵站养护以及中小修工程等七项内容，北京市高速公路养护维修工程预算应分别以国家有关法令及法规、设计文件、《北京市高速公路养护维修工程预算定额》为依据。编制预算时，应根据预算定额规定的各工程项目的人工、材料、机械台班消耗量和按本办法规定的预算编制年工程所在地的人工费工日单价、材料预算单价和机械台班单价计算出各工程项目的工、料、机费用，并按本办法的规定计算各项费用。预算的材料、机械台班单价及各项费用的计算都应通过规定的表格反映。

各种表格的计算顺序和相互关系见图2-1。

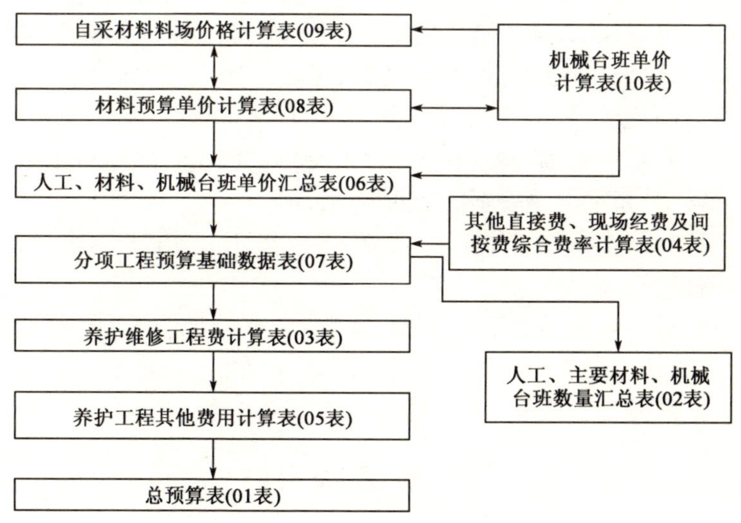

图2-1　各种表格的计算顺序和相互关系

第一节　预算文件组成

预算文件由封面及目录,预算编制说明及全部预算计算表格组成。

一、封面及目录

预算文件的封面应有工程项目名称,编制单位,编制、复核人员姓名并加盖资格印章,编制日期及第几册共几册等内容。

目录应按预算表的表号顺序编排。

二、预算编制说明

预算编制完成后,应写出编制说明,文字力求简明扼要。应叙述的内容一般有:

1. 养护工程概况:养护工程所在地区,项目名称、管理单位、技术等级、路面类型及结构形式、里程、交通量、路基宽度,主要构造物,沿线设施和绿化的布设情况,最近一次大中修时间或建成通车时间等。

2. 采用的定额、费用标准,人工、材料、机械台班单价的依据或来源,补充定额及编制依据的详细说明。

3. 与预算有关的委托书、协议书、会议纪要的主要内容(或将复印件附后)。

4. 总预算金额,人工、钢材、水泥、木料、沥青的总需要量情况,各设计方案的经济比较,以及编制中存在的问题。

5. 其他与预算有关但不能在表格中反映的事项。

三、预 算 表 格

养护工程预算应按统一的表格计算(表格式样见附录二)。

四、预 算 文 件

预算文件是设计文件的组成部分，应按规定的份数，随设计文件一并报送。预算文件中的表式，可结合实际情况变动或增加某些计算过渡表式。

预算文件包括的内容如图 2-2 所示。

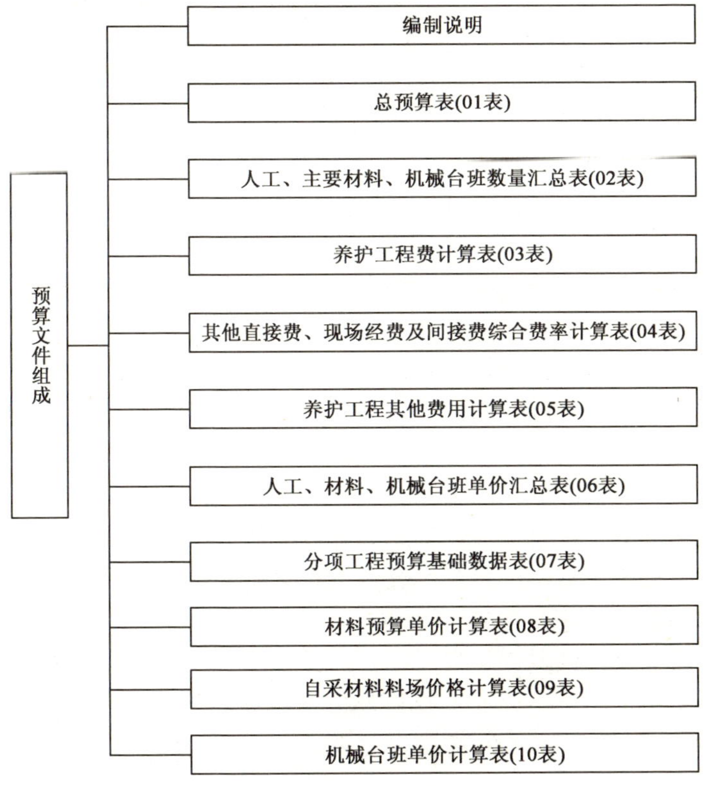

图 2-2　预算文件组成

在报送预算文件时，除上述组成内容外，还应提供“分项工程预算基础数据表（07 表）”的电子文档，并随同预算文件一并报送。

第二节　预 算 项 目

预算项目应按项目表的序列及内容编制，如实际出现的工程和费用项目与项目表的内容不完全相符时，一、二、三、四部分和“项”的序号应保留不变，“目”、“节”可随需要增减，并按项目表的顺序以实际出现的“目”、“节”依次排列，不保留缺少的“目”、“节”的序号。如第二部分设备购置费用在某项具体工程中没有发生时，第三部分高速公路养护维修工程其他费用仍为第三部分；但如“目”或“节”发生这样情况时，可依次递补改变序号。

预算项目主要包括以下内容：

第一部分　高速公路养护维修工程费

第一项　　路面养护工程

第二项　　路基养护工程

第三项　　桥涵隧养护工程

第四项　　沿线设施养护工程

第五项　　绿化养护工程

第六项　　泵站养护工程

第七项　　中小修工程

第二部分　设备、工具、器具购置费

第三部分　高速公路养护维修工程其他费用

第四部分　预备费用

项目表的详细内容见附录一。

养护工程的分类标准按交通部颁布的《公路养护技术规范》(JTG H10—2009)和《公路养护工程管理办法》中的有关规定执行。

第三节　预算费用的组成

高速公路养护维修预算费用的组成如图 2-3 所示。

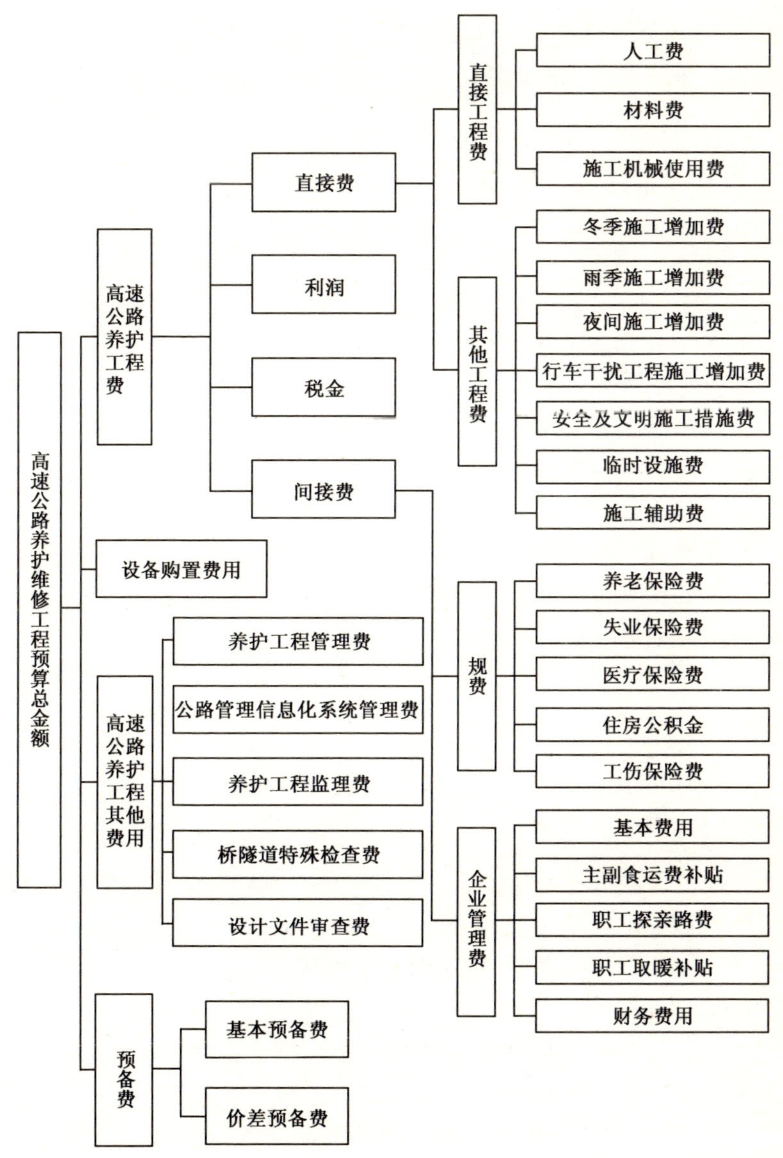

图 2-3 高速公路养护维修工程预算总金额组成

第三章 预算费用标准和计算方法

第一节 高速公路养护维修工程费

养护工程费包括直接费、间接费、利润及税金。

其他工程费及间接费取费标准的工程类别分为高速公路养护维修、泵站运行维护。

高速公路养护维修:系指对高速公路及沿线附属设施和绿化工程进行日常保洁、检查、中小修维护等工程项目。

泵站运行维护:系指对高速公路沿线泵站相关性设施进行经常性检修、定期保养和维修等工程项目。

其他工程费和间接费取费标准的地区类别:北京地区全境均执行二类地区标准。

一、直 接 费

直接费由直接工程费和其他工程费组成。

(一)直接工程费

直接工程费是指公路养护施工过程中耗费的构成工程实体和有助于保证公路实现其应有服务功能的形成而发生的各项费用,包括人工费、材料费、施工机械使用费。

1. 人工费

人工费系指列入预算定额的直接从事公路养护工程施工的生产工人开支的各项费用,内容包括:

(1)基本工资。系指发放生产工人的基本工资和生产工人劳动保护费。

生产工人劳动保护费系指按国家有关部门规定标准发放的

劳动保护用品的购置费及修理费，职工服装补贴，防暑降温费，在有碍身体健康环境中施工的保健费用等。

(2)工资性补贴。系指按规定标准发放的物价补贴，煤、燃气补贴，交通补贴，住房补贴，各类特殊地区津贴、补贴等。

(3)生产工人辅助工资。系指生产工人年有效施工天数以外非作业天数的工资，包括开会和执行必要的社会义务时间的工资，职工学习、培训期间的工资，调动工作、探亲、休假期间的工资，因气候影响停工期间的工资，女工哺乳时间的工资，病假在六个月以内的工资及产、婚、丧假期的工资。

(4)职工福利费。系指按国家规定标准计提的职工福利费。

(5)各类保险含医疗保险、失业保险、养老保险。

(6)住房公积金。系指按国家规定标准计提的住房公积金。

人工费以预算定额人工工日数乘以每工日人工费计算。

高速公路养护维修工人每工日人工费暂采用《公路工程估算指标》(JTG/T M21—2011)中62.5元/工日，建议根据市场价格定期调整人工费。

人工费单价仅作为编制预算的依据，不作为养护单位实发工资的依据。

2. 材料费

材料费系指施工过程中耗用的构成工程实体的原材料、辅助材料、构(配)件、零件、半成品、成品的用量和周转材料的摊销量，按工程所在地的材料预算价格计算的费用。

材料预算价格由材料原价、运杂费、场外运输损耗、采购及仓库保管费组成。

$$材料预算价格 = (材料原价 + 运杂费) \times (1 + 场外运输损耗率) \times (1 + 采购及保管费率) - 包装品回收价值$$

(1)材料原价

各种材料原价按以下规定计算：

①外购材料：国家或地方的工业产品，按国营工业产品出厂价格计算，并根据情况加计供销部门手续费和包装费。如供应情

况、交货条件不明确时,可采用当地规定的价格计算。

②地方性材料:地方性材料包括外购的砂、石材料等,按实际调查价格或当地主管部门规定的预算价格计算。

③自采材料:自采的砂、石、黏土等自采材料,按定额中开采单价加辅助生产现场经费计算。

材料原价应按实计取。市公路工程定额(造价管理)部门应通过调查,编制本地区的材料价格信息,仅供编制预算参考使用。

(2)运杂费

运杂费系指材料自供应地点至工地仓库(施工地点存放材料的地方)的运杂费用,包括装卸费、运费,有时还应计囤存费及其他杂费(如过磅、标签、支撑加固、路桥通行等费用)。

通过铁路、水路和公路运输部门运输的材料,按铁路、航运和当地交通部门规定的运价计算运费。

施工单位自办的运输,30km 以上的长途汽车运输按当地交通部门规定的统一运价计算运费;30km 及以内的运输,当工程所在地交通不便、社会运输力量缺乏时,如边远地区和某些山岭区,允许单程在 10km 至 30km 的汽车运输按当地交通部门规定的统一运价加 50% 计算运费;10km 及以内的汽车运输以及人力场外运输,按预算定额计算运费,其中人力装卸和运输另按工费加计辅助生产现场经费。

一种材料如有两个以上的供应点时,都应根据不同的运距、运量、运价采用加权平均的方法计算运费。

由于预算定额中汽车运输台班已考虑工地便道特点,以及定额中已计入了“工地小搬运”项目,因此平均运距中汽车运输便道里程不得乘调整系数,也不得在工地仓库或堆料场之外再加场内运距或二次倒运的运距。

有容器或包装的材料及长大轻浮材料,应按表 3-1 规定的毛重计算。桶装沥青、汽油、柴油按每吨摊销一个旧汽油桶计算包装费(不计回收)。

材料毛重系数及单位毛重表 表3-1

材料名称	单位	毛重系数	单位毛重
爆破材料	t	1.35	–
水泥、块状沥青	t	1.01	–
铁钉、铁件、焊条	t	1.10	–
液体沥青、液体燃料、水	t	桶装1.17,油罐车装1.00	–
木料	m^3	–	1.000t
草袋	个	–	0.004t

(3)场外运输损耗

场外运输损耗系指有些材料在正常的运输过程中发生的损耗,这部分损耗应摊入材料单价内。材料场外运输操作损耗率见表3-2。

材料场外运输操作损耗率表(%) 表3-2

材料名称		场外运输(包括一次装卸)	每增加一次装卸
块状沥青		0.5	0.2
石屑、碎砾石、砂砾、煤渣、工业废渣、煤		1.0	0.4
砖、瓦、桶装沥青、石灰、黏土		3.0	1.0
草皮		7.0	3.0
水泥(袋装、散装)		1.0	0.4
砂	一般地区	2.5	1.0
	多风地区	5.0	2.0

(4)采购及保管费

材料采购及保管费系指材料供应部门(包括工地仓库以及各级材料管理部门)在组织采购、供应和保管材料过程中,所需的各项费用及工地仓库的材料储存损耗。

材料采购及保管费,以材料的原价加运杂费及场外运输损耗的合计数为基数,乘以采购保管费率计算。材料的采购及保管费费率为2.5%。

外购的构件、成品及半成品的预算价格，其计算方法与材料相同，但设备、构件（如外购的钢桁梁、钢筋混凝土构件及加工钢材等半成品）的采购保管费率为1%。

3. 施工机械使用费

施工机械使用费系指列入预算定额的施工机械台班数量，按相应的机械台班费用定额计算的施工机械使用费和小型机具使用费。

施工机械台班预算价格应按交通运输部公布的《公路工程机械台班费用定额》计算，台班单价由不变费用和可变费用组成。不变费用包括折旧费、大修理费、经常修理费、安装拆卸及辅助设施费等；可变费用包括机上人员人工费、动力燃料费及车船使用税。可变费用中的人工工日数及动力燃料消耗量，应以机械台班费用定额中的数值为准。台班人工费工日单价同生产工人人工费单价。动力燃料费用则按材料费的规定计算。

当工程用电为自行发电时，电动机械每kW·h（度）电的单价可由下述近似公式计算：

$$A = 0.24\frac{K}{N}$$

式中：A——每kW·h（度）电单价（元）；

K——发电机组的台班单价（元）；

N——发电机组的总功率（kW）。

（二）其他工程费

其他工程费系指直接工程费以外施工过程中发生的直接用于高速公路养护维修工程的费用。内容包括：冬季施工增加费、雨季施工增加费、夜间施工增加费、行车干扰工程施工增加费、安全及文明施工措施费、临时设施费、施工辅助费等七项。高速公路养护维修工程中的水、电费及因场地狭小等特殊情况而发生的材料二次搬运等其他直接费已包括在预算定额中，不再另计。

1. 冬季施工增加费

冬季施工增加费系指按照《公路养护技术规范》及《公路工程施工及验收规范》所规定的冬季施工要求，为保证工程质量和安全生产所需采取的防寒保温设施、工效降低和机械作业率降低、工地临时取暖以及技术操作过程的改变等所增加的有关费用。

冬季施工增加费的内容包括：

(1)因冬季施工所需增加的一切人工、机械与材料的支出。

(2)施工机具所需修建的暖棚(包括拆、移)，增加油脂及其他保温设备费用。

(3)因施工组织设计确定，需增加的一切保温、加温及照明等有关支出。

(4)与冬季施工有关的其他各项费用，如清除工作地点的冰雪等费用。

按全国各地的冬季区划分标准，北京市全境为冬二(1)区。

高速公路养护维修工程多选择在非冬季施工，此项费用不予计取。

2. 雨季施工增加费

雨季施工增加费系指雨季期施工为保证工程质量和安全生产所需采取的防雨、排水、防潮和防护措施、工效降低和机械作业率降低以及技术作业过程的改变等，所需增加的有关费用。

雨季施工增加费的内容包括：

(1)因雨季施工所需增加的工、料、机费用的支出，包括工作效率的降低及易被雨水冲毁的工程所增加的工作内容等(如基坑坍塌和排水沟等堵塞的清理、路基边坡冲沟的填补等)。

(2)路基土方工程的开挖和运输，因雨季施工(非土壤中水影响)而引起的粘附工具，降低工效所增加的费用。

(3)因防止雨水必须采取的防护措施的费用，如挖临时排水沟、防止基坑坍塌所需的支撑、挡板等。

(4)材料因受潮、受湿的耗损费用。

(5)增加防雨、防潮设备的费用。

(6)其他有关雨季施工所需增加的费用，如因河水高涨致使工作困难而增加的费用等。

雨量区和雨季期的划分，是根据气象部门提供的满 15 年以上的降雨资料确定的。凡月平均降雨天数在 10 天以上，月平均日降雨量在 3.5 ~5mm 之间者为 I 区，月平均日降雨量在 5mm 以上者为 II 区。按全国各地雨量区及雨季期的划分标准，北京全境为雨 II 区，雨季期两个月。

高速公路养护维修工程多选择在非雨季施工，雨季施工增加费不予计取

3. 夜间施工增加费

夜间施工增加费系指根据要求，必须在夜间连续施工而发生的工效降低、夜班津贴以及有关照明设施等增加的费用。

高速公路养护维修工程多选择在白天施工，此项费用不予计取。

4. 行车干扰工程施工增加费

行车干扰工程施工增加费系指由于边施工边维持通车，受行车干扰的影响，致使人工、机械效率降低而增加的费用。至于施工期间，为了保证安全生产而设置的临时交通管理设施等措施费用，不在本办法中计列，应在工程定额中制订相应的定额，根据需要设置的数量计算其工程费用。对于采取封闭措施进行施工的养护工程，不计本项费用。

行车干扰工程施工增加费：

高速公路养护维修工程以受行车影响部分的工程的直接工程费之和为基数，以受行车影响部分的工程的按表 3-3 的费率计算；

行车干扰工程施工增加费费率表(%) 表 3-3

单交通量(辆)/h·方向 \ 工程名称	高速公路养护维修
<1600	1.00
1600 ~4500	1.20
>4500	1.50

5. 安全及文明施工措施费

安全及文明施工措施费系指工程施工期间为满足安全生产、文明施工、职工健康生活所发生的费用。不包括施工期间为保证交通安全而设置的临时安全设施和标志、标牌的费用，需要时，应根据设计要求计算。

安全及文明施工措施费：高速公路养护维修以各类工程的直接工程费之和为基数，按表 3-4 的费率计算。

安全及文明施工措施费费率 表 3-4

工 程 类 别	取 费 基 数	费率(%)
高速公路养护维修	直接工程费	1.50

6. 临时设施费

临时设施费系指施工企业为进行建筑安装工程施工所必需的生活和生产用的临时建筑物、构筑物和其他临时设施的费用等，但不包括概、预算定额中临时工程在内。

临时设施包括：临时生活及居住房屋（包括职工家属房屋及探亲房屋）、文化福利及公用房屋（如广播室、文体活动室等）和生产、办公房屋（如仓库、加工厂、加工棚、发电站、变电站、空压机站、停机棚等），工地范围内的各种临时的工作便道（包括汽车、马车、架子车道）、人行便道，工地临时用水、用电的水管支线和电线支线，临时构筑物（如水井、水塔等）以及其他小型临时设施。

临时设施费用内容包括：临时设施的搭设、维修、拆除费或摊销费。

临时设施费：高速公路养护维修以各类工程的直接工程费之和为基数，按表 3-5 的费率计算。

临时设施费费率 表 3-5

工 程 类 别	取 费 基 数	费率(%)
绿化工程之外的高速公路养护维修工程	直接费	0.95
高速公路绿化工程养护维修工程	直接费	0.50

7. 施工辅助费

施工辅助费包括生产工具用具使用费、检验试验费和工程定位复测、工程点交、场地清理等费用。

生产工具用具使用费系指施工所需不属于固定资产的生产工具、检验、试验用具等的购置、摊销和维修费，以及支付给工人自备工具的补贴费。

检验试验费系指对建筑材料、构件和建筑安装工程进行一般鉴定、检查所发生的费用，包括自设试验室进行试验所耗用的材料和化学药品的费用，以及技术革新和研究试验费。但不包括新结构、新材料的试验费和建设单位要求对具有出厂合格证明的材料进行检验、对构件破坏性试验及其他特殊要求检验的费用。

施工辅助费：高速公路养护维修以各类工程的直接工程费之和为基数，按表3-6的费率计算。绿化工程不予计取。

施工辅助费费率 表3-6

工程类别	取费基数	费率(%)
绿化工程之外的高速公路养护维修	直接费	1.56

二、间接费

间接费由规费、企业管理费两项组成。

1. 规费

规费系指政府和有关权力部门规定养护企业必须缴纳的费用(简称规费)。包括：

养老保险费：系指养护企业按规定标准为职工缴纳的基本养老保险费。

失业保险费：系指养护企业按国家规定标准为职工缴纳的失业保险费。

医疗保险费：系指养护企业按规定标准为职工的基本医疗保

险费和生育保险费。

住房公积金:系指养护企业按规定标准为职工缴纳的住房公积金。

工伤保险费:系指养护企业按规定标准为职工缴纳的工伤保险费。

各项规定以养护工程的人工费之和为基数,按国家或工程所在地相关部门规定的标准计算。

2. 企业管理费

企业管理费由基本费用、主副食运费补贴、职工探亲路费、职工取暖补贴和财务费用五项组成。

1)基本费用

企业管理费基本费用系指养护企业为组织生产和经营管理所需的费用,内容包括:

(1)管理人员工资:系指管理人员的基本工资、工资性补贴、职工福利费、劳动保护费以及缴纳的养老、失业、医疗、生育、工伤保险费和住房公积金等。

(2)办公费:系指企业办公文具、纸张、账表、印刷、邮电、书报、会议、水、电、烧水和集体取暖(包括现场临时宿舍取暖)用煤(气)等费用。

(3)差旅交通费:是指职工因公出差和工作调动(包括随行家属的旅费)的差旅费,住勤补助费,市内交通及误餐补助费,职工探亲路费,劳动力招募费,职工离退休、退职一次性路费,工伤人员就医路费,以及管理部门使用的交通工具油料、燃料、牌照及养路费等。

(4)固定资产使用费:系指管理和试验部门及附属生产单位使用的属于固定资料的房屋、设备、仪器等的折旧,大修、维修或租赁费等。

(5)工具用具使用费:系指管理使用的不属于固定资产的生产工具、用具、家具、交通工具和检验、试验、测绘、消除用具等的购置、维修和摊销费。

(6)劳动保险费:系指企业支付离退休职工的易地安家补助费、职工退休金、六个月以上病假人员工资、职工死亡丧葬补助费、抚恤费,按规定支付给离休干部的各项经费。

(7)工会经费:系指企业按职工工资总额计提的工会经费。

(8)职工教育经费:是指企业为职工学习先进技术和提高文化水平,按职工工资总额的计提的费用。

(9)保险费:系指企业财产保险、管理用车辆等保险费用。

(10)工程排污费:系指施工现场按规定缴纳的排污费用。

(11)税金:系指企业按规定交纳的房产税、车船使用税、土地使用税、印花税。

(12)其他:指上述项目以外的其他必要的费用支出,包括技术转让费、技术开发费、业务招待费、广告费、投标费、公证费、定额测定费、法律顾问费、审计费、咨询费等。

基本费用:高速公路养护维修以各类工程的直接工程费之和为基数,按表3-7的费率计算。

基本费用费率 表3-7

工程类别	取费基数	费率(%)
高速公路养护维修	直接费	3.13

2)主副食运费补贴

主副食运费补贴系指养护企业在远离城镇及乡村的野外施工购买生活必需品所需的费用。

主副食运费补贴:高速公路养护维修以各类工程的直接工程费之和为基数,按表3-8的费率计算。

主副食运费补贴费率 表3-8

工程类别	取费基数	费率(%)
高速公路养护维修	直接费	0.24

3)职工探亲路费

职工探亲路费系指按照有关规定养护企业职工在探亲期间

发生的往返车船费、市内交通费和途中住宿费等费用。

职工探亲路费:北京市高速公路养护维修工程中不予计取。

4)职工取暖补贴

职工取暖补贴系指按规定发放给职工的冬季取暖或在施工现场设置的临时取暖设施的费用。

职工取暖补贴:高速公路养护维修以各类工程的直接工程费之和为基数,按表3-9的费率计算。

职工取暖补贴费率 表3-9

工程类别	取费基数	费率(%)
高速公路养护维修	直接费	0.18

5)财务费用

财务费用系指养护企业为筹集资金而发生的各项费用,包括企业经营期间发生的短期贷款利息净支出、汇兑净损失、调剂外汇手续费、金融机构手续费,以及企业筹集资金发生的其他财务费用。

财务费用:高速公路养护维修以各类工程的直接工程费之和为基数,按表3-10的费率计算。

财务费用费率 表3-10

工程类别	取费基数	费率(%)
高速公路养护维修	直接费	0.82

三、利　　润

利润系指养护企业完成所承包工程应取得的盈利,利润按直接费与间接费之和扣除规费的7%计算。

四、税　　金

税金系指按国家税法规定,应计入公路养护工程造价内的营业税、城市维护建设税及教育费附加。税金以直接费、间接费和利润之和为基数，根据北京市《关于调整建设工程造价中税金标准的通知(京造定[2012]2号)》的指示，采用表3-11的综合税率计算。

北京市建设工程造价中税金计取标准(%) 表3-11

税金标准区域	城市维护建设税标准	调整前税金标准	调整后税金标准
市区区域	7%	3.4%	3.48%
县城、镇	5%	3.4%	3.41%
其他区域	1%	3.4%	3.28%

附件一　高速公路养护维修工程费(土建)计算方法

直接费计算方法 附表一

序号	直接费构成	子项名称	计算方法	费率
1	直接工程费	人工费	按编制年工程所在地的预算价格计算	
		材料费	按编制年工程所在地的预算价格计算	
		机械费	按编制年工程所在地的预算价格计算	
2	其他直接工程费	行车干扰工程施工增加费	直接工程费×规定费率	1.20%
		安全及文明施工措施费	直接工程费×规定费率	1.50%
		临时设施费	直接工程费×规定费率	0.95%
		施工辅助费	直接工程费×规定费率	1.56%
	其他工程费综合费率=直接工程费×综合费率			5.21%
3	直接费=直接工程费+其他工程费=直接工程费×规定费率			105.21%

间接费计算方法　　附表二

序号	间接费构成	子项名称	计算方法	费率
1	规费	养老保险费、失业保险费、医疗保险费、住房公积金和工伤保险费	人工费×取费定额规定费率	43.8%
	规费=直接工程费×规费费率			8.76%
2	企业管理费	基本费用	直接工程费×规定费率	3.13%
		主副食运费补贴	直接工程费×规定费率	0.24%
		职工取暖补贴	直接工程费×规定费率	0.18%
		财务费用	直接工程费×规定费率	0.82%
3	间接费=规费+企业管理费=直接工程费×间接费综合费率			13.13%

利润计算方法　　附表三

计算方法	费率
利润=直接工程费×利润综合费率	7.67%

税金计算方法　　附表四

计算方法	费率
税金=直接工程费×税金综合费率	4.398%

高速公路养护维修工程费=直接费+间接费+利润+税金

=直接工程费×工程费综合费率

=直接工程费×130.40%

附件二 高速公路养护维修工程费(绿化)计算方法

直接费计算方法 附表五

<table>
<tr><th>序号</th><th>直接费构成</th><th>子 项 名 称</th><th>计 算 方 法</th><th>费率</th></tr>
<tr><td rowspan="3">1</td><td rowspan="3">直接工程费</td><td>人工费</td><td>按编制年工程所在地的预算价格计算</td><td></td></tr>
<tr><td>材料费</td><td>按编制年工程所在地的预算价格计算</td><td></td></tr>
<tr><td>机械费</td><td>按编制年工程所在地的预算价格计算</td><td></td></tr>
<tr><td rowspan="3">2</td><td rowspan="2">其他直接工程费</td><td>安全及文明施工措施费</td><td>直接工程费×规定费率</td><td>1.50%</td></tr>
<tr><td>临时设施费</td><td>直接工程费×规定费率</td><td>0.50%</td></tr>
<tr><td colspan="3">其他工程费综合费率=直接工程费×综合费率</td><td>2.00%</td></tr>
<tr><td>3</td><td colspan="3">直接费=直接工程费+其他工程费=直接工程费×规定费率</td><td>102.00%</td></tr>
</table>

间接费计算方法 附表六

<table>
<tr><th>序号</th><th>间接费构成</th><th>子 项 名 称</th><th>计 算 方 法</th><th>费率</th></tr>
<tr><td rowspan="2">1</td><td>规费</td><td>养老保险费、失业保险费、医疗保险费、住房公积金和工伤保险费</td><td>人工费×取费定额规定费率</td><td>43.8%</td></tr>
<tr><td colspan="3">规费=直接工程费×规费费率</td><td>8.76%</td></tr>
<tr><td rowspan="4">2</td><td rowspan="4">企业管理费</td><td>基本费用</td><td>直接工程费×规定费率</td><td>3.13%</td></tr>
<tr><td>主副食运费补贴</td><td>直接工程费×规定费率</td><td>0.24%</td></tr>
<tr><td>职工取暖补贴</td><td>直接工程费×规定费率</td><td>0.18%</td></tr>
<tr><td>财务费用</td><td>直接工程费×规定费率</td><td>0.82%</td></tr>
<tr><td>3</td><td colspan="3">间接费=规费+企业管理费=直接工程费×间接费综合费率</td><td>13.13%</td></tr>
</table>

利润计算方法 附表七

计 算 方 法	费率
利润=直接工程费×利润综合费率	7.45%

税金计算办法 附表八

计 算 方 法	费率
税金 = 直接工程费 × 税金综合费率	4.27%

高速公路养护维修工程费 = 直接费 + 间接费 + 利润 + 税金

= 直接工程费 × 工程费综合费率

= 直接工程费 × 126.84%

第二节 设备、工具、器具购置费用

设备、工具、器具购置费用系指为满足公路的营运、管理、养护需要购置的更换设备的费用。包括渡口设备、隧道照明、通风的动力设备、高等级公路的监控、通信、收费设备等的购置费用。

设备、工具、器具购置费用应列出计划购置清单，按下列公式计算：

购置费：∑（设备购置数量单价 + 运杂费）×（1 + 采购保管费率）

需要安装的设备，应在第一部分公路养护维修工程费的有关项目内另计安装工程费。

第三节 高速公路养护维修工程其他费用

高速公路养护维修工程其他费用包括：养护维修工程管理经费、高速公路管理信息化系统管理费、监理费、桥隧道特殊检查费、研究试验费、勘察设计费等组成。

一、高速公路养护维修工程管理费

高速公路养护工程管理经费系指高速公路养护工程管理单位委托相关单位，为高速公路养护工程项目的筹建、建设、竣工验收、总结等工作所发生的管理费用。不包括应计入设备、材料预算价格的养护工程管理机构采购及保管设备、材料所需的费用。

费用内容包括:工作人员的基本工资、工资性补贴、劳动保险基金、职工福利费、工会经费、劳动保护费、办公费、差旅交通费、工具用具使用费、固定资产使用费、零星固定资产购置费、招募生产工人费、技术图书资料费、职工教育经费、工程招标费、合同契约公证费、咨询费、法律顾问费、业务招待费、完工清理费、房产税、车船使用税、印花税和其他管理费用性质的开支。

高速公路养护工程管理经费以第一部分养护工程费总额为基数,按表 3-12 的费率,以累进办法计算。

高速公路养护维修工程管理经费费率表(%) 表 3-12

高速公路养护维修工程费(万元)	工程管理经费费率(%)
300	1.81
300 ~ 500	1.46
500 ~ 1000	1.31
1000 ~ 5000	0.95
5000 ~ 10000	0.80
10000 ~ 50000	0.61
50000 ~ 100000	0.41
>100000	0.33

注:未实行公开招标的高速公路养护维修工程不计取此项费用。

二、高速公路管理信息化系统管理费

高速公路管理信息化系统管理费系指为保证高速公路的服务功能,进行高速公路路况的调查,及对高速公路路基、路面、桥梁各项指标的检测、评定、数据的采集及数据库的维护和动态管理,以及检测设备的折旧等所需的费用。

高速公路管理信息化系统管理费按表 3-13 规定的标准进行计算。

高速公路管理信息化系统管理费 表3-13

高速公路	费用(元/km·年)
管理信息化系统管理费	840

注:1. 本项费用仅在计算公路高速公路养护维修工程养护费用时计取。
2. 连续式交通量观测站按每站3万元/年另行计算。

三、高速公路养护维修工程监理费

工程监理费系指公路养护工程管理单位委托具有公路工程监理资格证书的单位,按有关规定进行全面的监督与管理所发生的费用。

养护工程监理费以第一部分养护工程费总额为基数,按表3-14规定的标准进行计算。

高速公路养护工程监理费标准 表3-14

高速公路养护工程费(万元)	养护工程监理费率(%)
<500	2.50
500~1000	2.00~2.50
1000~5000	1.40~2.00
5000~10000	1.20~1.40
10000~50000	0.80~1.20
50000~100000	0.60~0.80
>100000	≤0.60

注:未实行全委托社会监理的高速公路养护维修工程不计取此项费用。

四、高速公路桥隧道特殊检查费

桥梁特殊检查费系指桥梁因遭受洪水、流冰、漂流物、船舶撞击、滑坡、地震、风灾和超重车辆自行通过等自然灾害或事故后以及危桥,根据桥梁破损状况和性质,采用适当的仪器设备,以及现场勘探、试验等特殊手段和科学分析方法,查明桥梁病害原因、破损程度和承载能力,确定桥梁的技术状态,以便采取相应的加固、改善措施所发生的费用。

计算方法:按北京市公路管理机构与公路桥梁检测中心或具有相应资质的科研设计单位、工程咨询单位签订的委托特殊检查合同中所确定的费用计算。

五、高速公路养护维修工程设计文件审查费

设计文件审查费系指委托设计单位对高速公路养护维修工程设计文件审查时,按规定应支付的费用。包括施工图设计的勘察费(包括测量、水文地质勘探等)、设计费、预算编制费等。

高速公路养护维修工程设计费以第一部分高速公路养护维修工程费为基数,按表3-15的费率计算。

高速公路日常养护维修工程和未委托勘察设计单位进行勘察设计审查的养护维修工程不计取此项费用。

高速公路养护维修工程设计费标准 表3-15

高速公路养护维修工程费(万元)	养护工程设计费费率(%)
≤200	2.50
200~500	2.30
500~1000	2.10
1000~3000	1.90
3000~5000	1.80
5000~8000	1.70
8000~10000	1.65
10000~20000	1.55
20000~40000	1.45

第四节 高速公路养护维修工程其他费用计算方法

高速公路养护维修工程其他费用计算方法见表3-16。

表 3-16

序号	高速公路养护维修工程其他费用	计 算 方 法
1	养护工程管理经费	养护维修工程费 × 相关费率
2	高速公路管理信息化系统管理费	高速公路里程 × 年费标准
3	监理费	养护维修工程费 × 相关费率
4	桥隧道特殊检查费	委托特殊检查合同中所确定的费用
5	设计文件审查费	养护维修工程费 × 相关费率

第五节 预 备 费 用

预备费系指在养护工程中难以预料的工程和费用，其用途如下：

1. 在进行施工过程中，在批准的设计预算范围，内所增加的工程和费用。

2. 在设备订货时，由于规格、型号改变的价差；材料货源变更、运输距离或方式的改变以及因规格不同而代换使用等原因发生的价差。

3. 由于一般自然灾害所造成的损失和预防自然灾害所采取的措施费用。

4. 在上级主管部门组织竣工验收时，验收委员会（或小组）为鉴定工程质量必须开挖和修复隐蔽工程的费用。

预备费由价差预备费及基本预备费两部分组成。在公路工程建设期限内，凡需动用预备费时，属于公路交通部门投资的项目，需经建设单位提出，按建设项目隶属关系，报交通部或交通厅（局）基建主管部门核定批准。属于其他部门投资的建设项目，按其隶属关系报有关部门核定批准。

一、价差预备费

价差预备费系指设计文件编制年至工程竣工年期间，第一部分费用的人工费、材料费、机械使用费、其他工程费、间接费等以及第二、三部分费用由于政策、价格变化可能发生上浮而预留的费用及外资贷款汇率变动部分的费用。

1. 计算方法：价差预备费以概（预）算或修正概算第一部分高速公路养护维修工程费总额为基数，按设计文件编制年始至建设项目工程竣工年终的年数和年工程造价增长率计算。

计算公式如下：

$$价差预备费 = P \times [(1+i)^{n-1} - 1]$$

式中：P——高速公路养护维修工程费；

i——年工程造价增长率（%）；

n——设计文件编制年至建设项目开工年 + 建设项目建设期限。

2. 年工程造价增长率按有关部门公布的工程投资价格指数计算，或由设计单位会同建设单位根据该工程人工费、材料费、施工机械使用费、其他工程费、间接费以及第二、三部分费用可能发生的上浮因素，以第一部分高速公路养护维修工程费为基数进行综合分析预测。

3. 设计文件编制至工程完工在一年以内的工程，不列此项费用。

二、基本预备费

基本预备费系指经初步设计和概算中难以预料的工程和费用，其用途如下：

1. 要进行技术设计、施工图设计和施工过程中，在批准的初步设计和概算范围内所增加的工程费用。

2. 在设备订货时，由于规格、型号改变的价差，材料货源变更、运输距离或方式的改变以及因规格不同而代换使用等原因发生的价差。

3. 由于一般自然灾害所造成的损失和预防自然灾害所采取的措施费用。

4. 在项目主管部门组织竣(交)工验收时,验收委员会(或小组)为鉴定工程质量必须开挖和修复隐蔽工程的费用。

5. 投保的工程根据工程特点和保险合同发生的工程保险费用。

计算方法:以第一、二、三部分费用之和为基数按3%的费率计算。如表3-17所示。

预备费用计算方法 表3-17

序号	预备费用构成	计算方法
1	基本预备费	第一、二、三部分费用之和×3%
2	价差预备费	高速公路养护维修工程费 $\times[(1+i)^{n-1}-1]$

第六节 高速公路养护维修工程预算总金额的计算方法

高速公路养护维修工程预算总金额的计算方式如表3-18所示。

表3-18

<table>
<tr><th colspan="3">高速公路养护维修工程预算</th><th>子项名称</th><th>计算方法</th></tr>
<tr><td rowspan="10">第一部分 高速公路养护维修工程费</td><td rowspan="10">直接费</td><td rowspan="3">直接工程费</td><td>人工费</td><td>按编制年工程所在地的预算价格计算</td></tr>
<tr><td>材料费</td><td>按编制年工程所在地的预算价格计算</td></tr>
<tr><td>机械费</td><td>按编制年工程所在地的预算价格计算</td></tr>
<tr><td rowspan="7">其他工程费</td><td>冬季施工增加费</td><td>直接工程费×规定费率</td></tr>
<tr><td>雨季施工增加费</td><td>直接工程费×规定费率</td></tr>
<tr><td>夜间施工增加费</td><td>直接工程费×规定费率</td></tr>
<tr><td>行车干扰工程施工增加费</td><td>直接工程费×规定费率</td></tr>
<tr><td>安全及文明施工措施费</td><td>直接工程费×规定费率</td></tr>
<tr><td>临时设施费</td><td>直接工程费×规定费率</td></tr>
<tr><td>施工辅助费</td><td>直接工程费×规定费率</td></tr>
</table>

续上表

<table>
<tr><th colspan="3">高速公路养护维修工程预算</th><th>子项名称</th><th>计算方法</th></tr>
<tr><td rowspan="8">第一部分 高速公路养护维修工程费</td><td rowspan="8">间接费</td><td>规费</td><td>养老保险费、失业保险费、医疗保险费、住房公积金和工伤保险费</td><td>人工费×取费定额规定费率</td></tr>
<tr><td rowspan="5">企业管理费</td><td>基本费用</td><td>直接工程费×规定费率</td></tr>
<tr><td>主副食运费补贴</td><td>直接工程费×规定费率</td></tr>
<tr><td>职工探亲路费</td><td>直接工程费×规定费率</td></tr>
<tr><td>职工取暖补贴</td><td>直接工程费×规定费率</td></tr>
<tr><td>财务费用</td><td>直接工程费×规定费率</td></tr>
<tr><td>利润</td><td colspan="2">(直接费+间接费−规费)×规定费率</td></tr>
<tr><td>税金</td><td colspan="2">(直接费+间接费+利润)×规定费率</td></tr>
<tr><td colspan="3">第二部分 设备、工具、器具购置费用</td><td colspan="2">∑(设备购置数量单价+运杂费)×(1+采购保管费率)</td></tr>
<tr><td rowspan="5">第三部分 高速公路养护维修工程其他费用</td><td colspan="2">养护工程管理经费</td><td colspan="2">养护维修工程费×相关费率</td></tr>
<tr><td colspan="2">高速公路管理信息化系统管理费</td><td colspan="2">高速公路里程×年费标准</td></tr>
<tr><td colspan="2">监理费</td><td colspan="2">养护维修工程费×相关费率</td></tr>
<tr><td colspan="2">桥隧道特殊检查费</td><td colspan="2">委托特殊检查合同中所确定的费用</td></tr>
<tr><td colspan="2">设计文件审查费</td><td colspan="2">养护维修工程费×相关费率</td></tr>
<tr><td rowspan="2">第四部分 预备费用</td><td colspan="2">基本预备费</td><td colspan="2">第一、二、三部分费用之和×3%</td></tr>
<tr><td colspan="2">价差预备费</td><td colspan="2">高速公路养护维修工程费×$[(1+i)n-1-1]$</td></tr>
</table>

附录一 预算项目表

项	目	节	工程或费用名称	单 位	备 注
			第一部分 高速公路养护维修工程费	公路公里	
一	10		路基工程	公路公里	
		10	清理边沟、截水沟、U形槽	m	
		20	清理疏通雨水井、沉淀池	处	
		30	清理疏通雨水管道	m	
		40	修整边坡	m^2	
		50	修整边沟	km	
		60	局部维修浆砌边沟、挡墙、护坡、沉淀池	m^3	
		70	水泥混凝土构件抹面	m^2	
		80	更换坡角砖、U形槽	m	
		90	更换八字式出水口	处	
		100	更换六棱网格砖	m^2	
二	20		路面工程	m^2	
		10	机械清扫路面	公里	
		20	人工清扫路面	m^2	
		30	人工拾杂	km	
		40	人行天桥和过街通道保洁	m^2	
		50	清理遗撒物	次	
		60	灌缝	m	
		70	修补沥青路面、路面坑槽	m^2	
		80	修复破损水泥路面	m^2	
		90	路面排水井维护	座	
		100	更换排水箅子、丢失井盖	块	

续上表

项	目	节	工程或费用名称	单　位	备　注
		110	更换路缘石	m	
		120	更换大、小方砖	m^2	
		130	中央隔离带碎石维护	m^2	
		140	路面洒水降温	km	
三	30		桥涵隧工程	m/座	
		10	清理伸缩缝	m	
		20	疏通桥梁泄水孔、排水管	处	
		30	桥梁混凝土构件粉刷	m^2	
		40	局部修补伸缩缝两侧混凝土	m	
		50	桥梁混凝土构件修补	m^2	
		60	维修伸缩缝钢梁	处/次	
		70	桥隧灌缝修补	m	
		80	更换伸缩缝滞水带	条	
		90	更换桥梁挂板	处	
		100	更换桥梁排水管	m	
		110	隧道清理	m^2	
		120	隧道洞壁修补	m^2	
		130	涵洞清淤	m	
四	40		沿线设施	公路公里	
		10	清洗消能桶、玻璃钢隔离墩	个	
		20	清洗隔音屏、大型标志牌、收费大棚	m^2	
		30	清洗防眩板	m	
		40	清洗扶正活动护栏、小型标志牌	块	
		50	清洗钢板护栏	km/次	
		60	维护加固标志牌	个	
		70	维护避险车道	m^2	
		80	喷涂金属设施	m	

续上表

项	目	节	工程或费用名称	单　位	备　注
		90	调直钢板护栏、更换中央开口带护栏	m	
		100	修复桥梁防护网、路侧护网	m	
		110	拆除标志牌	块	
		120	更换桥梁方钢护栏、波形钢护栏	m	
		130	更换防阻块、立柱帽	个	
		140	更换立柱、防眩板托架立柱	根	
		150	更换端头、路侧护网立柱、斜撑	个	
		160	更换路侧喷塑护网、米护网、刺铁丝护网	m	
		170	更换路侧镀锌护网	片	
		180	更换防眩板	块	
		190	更换防眩板托架	m	
		200	更换消能桶、消能桶盖、柔性分道体、隔离墩	个	
		210	更换轮廓标	个	
		220	更换标志牌、隔音板	块	
		230	标志牌重新贴膜	m^2	
		240	路灯巡视	km	
		250	路面照度检测	次	
		260	低灯杆灯头维护	套	
		270	高灯杆灯头维护	套	
		280	灯杆维护	根	
		290	基础底座维护	根	
		300	升降设备维护	套	
		310	线路故障查找及修复	回路	
		320	高压线路元器件更换	组	
		330	避雷器引下线更换	根	
		340	被损坏电缆井修复	座	
		350	低压主回路电气元件、控制回路电气元件更换及维修	件	

续上表

项	目	节	工程或费用名称	单 位	备 注
		360	低压主回路线路、控制回路线路修复	台	
		370	附属元器件更换及维修	套	
		380	低压电缆铺设	m	
		390	高压电缆铺设	m	
		400	连接线、汇流排安装	套	
		410	箱变设备维护、配电设备检测	座	
		420	接地电阻测试	根	
		430	配电柜线路、节能柜线路修复、变压器拆装	处	
五	50		绿化工程	台	
		10	绿化保洁	公路公里	
		20	乔木、灌木浇水	m^2	
		30	色带、中央分隔带、花卉及地被植物、草坪浇水	株	
		40	乔木、灌木修剪	m^2	
		50	花卉及地被、色带、草坪修剪	株	
		60	中央绿篱修剪	m^2	
		70	乔木、灌木施肥	km	
		80	草坪和色带施肥	株	
		90	病虫害防治	m^2	
		100	苗木防寒	m^2	
		110	除杂	m^2	
		120	乔木、灌木、中央绿篱补植	m^2	
		130	花卉及地被植物、草坪、色带补植	株	
		140	树木刷白	m^2	
		150	打防火道	株	
		160	其他	m^2	
六	60		泵站工程	m	
		10	潜水泵、水泵、天车起重机例行保养及检测		

续上表

项	目	节	工程或费用名称	单 位	备 注
		20	泵站排水渠、蓄水池清理	次	
		30	潜水泵、水泵、天车起重机、排水管道修理	次	
		40	基础设施的防锈处理	次	
		50	柴油发电机、电动机修理	项	
		60	高压线路及附属设施、电力变压器、避雷及接地系统、例行试	次	
		70	柴油发电机、电动机、低压配电柜清洁及检测	次	
		80	柴油发电机例行运转	h	
		90	排水配电人员值守及巡视	工日	
		100	电费	元	
七	70		中小修工程	公路公里	
		10	薄层罩面、雾封层	m^2	
		20	路面病害处理	m^2	
		30	更换伸缩缝	m	
		40	修补桥面沥青混凝土	m^2	
		50	更换标志牌	m^2	
		60	地面画线	m^2	
		70	钢板护栏、隆声带施工	m	
		80	交通导改	天	
			第二部分　设备、工具、器具购置费	公路公里	
			设备购置费	公路公里	
			第三部分　高速公路养护维修工程其他费用	公路公里	
			养护工程管理费	公路公里	
			养护工程管理经费	公路公里	
			公路管理信息化系统管理费	公路公里	
			设计文件审查费	公路公里	
			养护工程监理费	公路公里	

续上表

项	目	节	工程或费用名称	单　位	备　注
			桥梁特殊检查费	公路公里	
			研究试验费	公路公里	
			勘察设计费	公路公里	
			第一、二、三部分费用合计	公路公里	
			第四部分　预备费用	公路公里	
			预备费	元	
			预算总金额	元	

附录二　封面、目录及预算表格样式

Ⅰ. 封面样式

××高速公路养护维修工程设计预算

（CK××+×××～CK××+×××）

第　　册　共　　册

编制：（签字并加盖资格印章）

复核：（签字并加盖资格印章）

（编制单位）

年　　月　　日

II. 目录样式

目　　录

1. 编制说明
2. 总预算表(01 表)
3. 人工、主要材料、机械台班数量汇总表(02 表)
4. 养护维修工程费计算表(03 表)
5. 其他直接费、现场经费及间接费综合费率计算表(04 表)
6. 养护工程其他费用计算表(05 表)
7. 人工、材料、机械台班单价汇总表(06 表)
……

III. 预算表格样式

总 预 算 表

养护项目名称：

编 制 范 围：

第 页 共 页 01 表

项	目	节	工程或费用名称	单 位	数 量	预算金额（元）	技术经济指标	各项费用比例（%）	备注

填表说明：1. 本表反映一个单项工程或单位工程的各项费用组成，预算金额，技术经济指标等。

2. 本表“项”、“目”、“节”、“工程或费用名称”、“单位”等应按预算项目表的序列及内容填写。“目”、“节”可视需要增减，但“项”应保留。

3. “数量”、“预算金额”由养护工程费计算表（03 表）和养护工程其他费用计算表（05 表）转来。

4. “技术经济指标”以各项目预算金额除以相应数量计算；“各项费用比例”以各项预算金额除以总预算金额计算

编制：

复核：

人工、主要材料、机械台班数量汇总表

养护工程名称：

编 制 范 围：　　　　　　　　　　　　　　　　　　第　页　共　页　02表

序号	规格名称	单位	总数量	分项统计								场外运输损耗	
												%	数量
		填表说明：本表各栏数据由分项工程预算基础数据准备表（07表）经分析计算后统计而来											

编制：　　　　　　　　　　　　　　　　　　　　　　复核：

养护维修工程费计算表

养护项目名称：

编 制 范 围：　　　　　　　　　　　　第　页　共　页　03 表

序号	工程名称	单位	工程量	直接费（元）					间接费（元）	利润（元）费率（%）	税金（元）综合税率（%）	建筑安装工程费	
				直接工程费				其他工程费				合计（元）	单价（元）
				人工费	材料费	机械使用费	合计						
1	2	3	4	5	6	7	8	9	10	11	12	13	14

填表说明：本表各栏数据之间关系，5～7 均由 07 表经计算转来；8 = 5 + 6 + 7；9 = 8 × 9 的费率；

10 = 8 × 10 的费率；11 = （8 + 9 + 10 − 规费）× 11 的费率；12 = （8 + 9 + 10 + 11）× 12 的费率；

13 = （8 + 9 + 10 + 11 + 12）× 13 的费率；14 = 14 ÷ 4

编制：　　　　　　　　　　　　　　　　复核：

其他直接费、现场经费及间接费综合费率计算表

养护项目名称：

编 制 范 围：　　　　　　　　　　　　　　　　　　第　页　共　页　04表

序号	工程类别	其他工程费费率(%)								间接费费率(%)					
		冬季施工增加费	雨季施工增加费	夜间施工增加费	行车干扰增加费	安全及文明施工措施费	临时设施费	施工辅助费	综合费率	基本管理费	主副食运费补贴	职工探亲路费	职工取暖补贴	财务费用	综合费率
					填表说明：本表应根据养护工程项目的具体情况，按预算编制办法的有关规定填入数据计算										

编制：　　　　　　　　　　　　　　　　　　　　　　　　复核：

养护工程其他费用计算表

养护项目名称：

编 制 范 围：　　　　　　　　　　　　　　　　　　　　　第　页　共　页　05 表

序　号	费 用 名 称	说明及计算式	金额（元）	备　注

填表说明：本表应按具体发生的养护工程其他费用项目填写，需要说明和具体计算的费用项目依次相应在说明及计算式栏内填写或具体计算，各项费用具体填写如下：

1. 设备购置费用应填写设备名称、购置数量和单价，列式计算费用。
2. 养护工程管理经费、公路管理信息化系统管理费、设计文件审查费，按规定的标准列式计算。
3. 养护工程监理费按“公路养护工程费费率”列式计算。
4. 桥隧道特殊检查费按合同费用填入本表

编制：　　　　　　　　　　　　　　　　　　　　　　　　　复核：

人工、材料、机械台班单价汇总表

养护项目名称：

编 制 范 围：　　　　　　　　　　　　　　　　　　　第　页　共　页　06表

序号	名称	单位	代号	预算金额(元)	备注	序号	名称	单位	代号	预算金额(元)	备注

填表说明：本表预算单价主要由材料预算单价计算表(08表)和机械台班单价计算表(10表)转来

编制：　　　　　　　　　　　　　　　　　　　　　　　复核：

分项工程预算基础数据表

工程项目名称：　　　　　　　　　编制范围：　　　　　　　　　数据文件编号：

路线长度(km)：　　　　　　　　　路基宽度(m)：　　　　　　　　　第　页　共　页　07表

项的代号	本项目数	目的代号	本目节数	节的代号	费率编号	定额个数	定额代号	项或目或节或细目或定额的名称	单位	数　量		定额调整情况

填表说明：1. 本表应逐行从左到右横向跨栏填写。

2. “项”、“目”、“节”、“定额”等的代号应根据实际需要按预算项目表及(公路养护工程预算定额)的序列及内容填写。

3. 本表内容主要是为计算机准备基础数据，具体填表规则由公路养护工程预算编制软件用户手册具体规定

编制：　　　　　　　　　　　　　　　　　　　　　　复核：

材料预算单价计算表

养护项目名称：

编 制 范 围：　　　　　　　　　　　　　　　　　　　　第　页　共　页　08表

序号	规格名称	单位	原价（元）	运杂费					原价运费合计（元）	场外运输损耗		采购及保管费		预算单价（元）
				供应地点	运输方式、比重及运距	毛重系数或毛重	运杂费构成说明或计算式	单位运费（元）		费率（%）	金额（<元）	费率（%）	金额（<元）	

填表说明：1. 本表计算各种材料自供应地点或料场至工地的全部运杂费与材料原价及其他费用组成、预算单价。
2. 运输方式按火车、汽车、船舶、马车等及所占运输比重填写。
3. 毛重系数、场外运输损耗、采购及保管费按规定填写。
4. 根据材料供应地点、运输方式、运输单价、毛重系数等，通过运杂费构成说明或计算式，计得材料单位运费。
5. 材料原价与单位运费、场外运输损耗、采购及保管费组成材料预算单价

编制：　　　　　　　　　　　　　　　　　　　　　　　　复核：

自采材料料场价格计算表

养护项目名称：

编 制 范 围：　　　　　　　　　　　　　　　第　页　共　页　09 表

序号	定额号	材料规格名称	单位	料场价格（元）	人工（工日）单价（元）		（　）单价（元）		（　）单价（元）		（　）单价（元）		（　）单价（元）	
					定额	金额	定额	金额	定额	金额	定额	金额	定额	金额

填表说明：1. 本表主要用于分析计算自采材料料场价格，应将选用的定额人工、材料、机械台班数量全部列出，包括相应的工、料、机单价。

2. 材料规格用途相同而生产方式（如人工捶碎石、机械轧碎石）不同时，应分别计算单价，再以各种生产方式所占比重根据合计价格加权平均计算料场价格。

3. 定额中机械台班有调整系数时，应在本表内计算

编制：　　　　　　　　　　　　　　　　　　　　复核：

机械台班单价计算表

养护项目名称：

编 制 范 围：　　　　　　　　　　　　　　　　　　　第　页　共　页　10表

序号	定额号	机械规格名称	台班单价（元）	不变费用(元)		可变费用(元)								合计
				调整系数：		人工:(元/工日)		汽油:(元/升)		柴油:(元/升)				
				定额	调整值	定额	金额	定额	金额	定额	金额	定额	金额	

填表说明：1. 本表应根据公路工程机械台班费用定额进行计算。不变费用如有调整系数应填入调整值；可变费用各栏填入定额数量。

2. 人工、动力燃料的单价由材料预算单价计算表(08)表中转来

编制：　　　　　　　　　　　　　　　　　　　　　　复核：